NOUVELLE CATHÉDRALE DE GAP

Consécration & Inauguration

SE VEND AU PROFIT DE LA CATHÉDRALE

Prix : 1 franc

NOUVELLE CATHÉDRALE DE GAP

Consécration & Inauguration

GAP

J.-C. RICHAUD, IMPRIMEUR DE L'ÉVÊCHÉ, RUE DE PROVENCE

1895

NOUVELLE
CATHÉDRALE
DE GAP

CONSÉCRATION & INAUGURATION

Après vingt-neuf ans d'attente, voilà enfin les Evêques de Gap en possession de leur nouvelle Cathédrale. Depuis Son Eminence le cardinal Bernadou, qui mit à exécution le colossal projet de la reconstruction de Notre-Dame de Gap, six prélats se sont succédé sur le siège de saint Arnoux. Tous appelaient de leurs vœux le prompt achèvement de l'édifice ; tous y ont travaillé avec ardeur. Aucun, hélas ! n'a survécu assez pour assister à l'inauguration du monument.

Il était réservé au sixième successeur de Mgr Bernadou, à Sa Grandeur Mgr Berthet, de consacrer la nouvelle Cathédrale et de l'ouvrir définitivement au culte.

Ces deux cérémonies seraient souverainement mémorables à décrire : l'une d'un symbolisme varié et plein de mystère, l'autre d'une magnificence et d'une splendeur dont le souvenir restera ineffaçable dans nos Alpes, et surtout dans la cité Gapençaise. Nous allons essayer d'en donner une idée.

LA CONSÉCRATION

C'est le samedi 21 septembre 1895, à 7 heures 1/2 du matin, qu'ont commencé les cérémonies de la consécration. A midi seulement elles étaient terminées, ce qui fait près de cinq heures de durée.

On ne peut s'attendre à ce que, dans ce pâle compte rendu, nous entrions dans les détails de la cérémonie : il faudrait écrire un volume.

Dès la veille, les saintes Reliques destinées aux autels à consacrer avaient été exposées dans la chapelle de l'Evêché, et le soir, selon la rubrique, on a dû réciter devant elles Matines et Laudes des SS. Martyrs.

Le matin, devant ces mêmes Reliques, Mgr l'Evêque, le vénérable Chapitre et le Clergé récitaient les psaumes de la Pénitence. C'est que la componction du cœur et la pureté de l'âme sont les premières dispositions nécessaires dans toutes les œuvres entreprises pour la gloire de Dieu.

Ensuite la procession s'organisait, et l'on allait réciter les Litanies des Saints, à genoux, devant la porte de l'église.

Monseigneur bénit l'eau pour les aspersions extérieures. Précédé de la croix et suivi de tout le

Clergé, il fait un premier tour du monument, puis un second, et un troisième, celui-ci en sens inverse, en aspergeant le haut, la base et le milieu des murs.

Après cette triple aspersion, l'Evêque reçoit la mitre et la crosse et frappe la porte en disant : « Princes, ouvrez vos portes ; portes éternelles, ouvrez-vous et le Roi de gloire entrera. » La porte s'ouvre, et le Clergé seul entre dans l'église, qu'on ferme de nouveau.

On chante, à genoux, le *Veni Creator*. Pendant ce temps, on décrit avec de la cendre une grande croix de Saint-André tenant toute la nef, et sur cette croix l'Evêque trace, du bout de sa crosse, les lettres de l'alphabet grec et de l'alphabet latin, les deux langues de l'Eglise universelle ; c'est d'ailleurs une allusion à cette parole de Jésus-Christ : « Je suis l'*alpha* et l'*oméga*. » Cela signifie également que toutes les nations, de n'importe quelle langue, sont appelées à entrer dans la Sainte Eglise.

Une seconde fois on chante les Litanies des Saints. On semble ainsi convoquer tout le Ciel à cette auguste cérémonie.

Le Pontife, suivi du Clergé, s'avance dans le chœur et procède à la bénédiction de l'eau grégorienne, mélangée de sel, de cendres et de vin. De cette eau, le consécrateur fait une onction sur l'autel et sept aspersions autour.

Mais avant ces onctions, il va faire avec la crosse deux croix à l'intérieur de la porte, l'une en haut, l'autre en bas. Puis il asperge les murs à l'intérieur, en faisant trois fois le tour de l'église, comme tout à l'heure à l'extérieur, ensuite le pavé en forme de croix, et enfin les quatre points cardinaux.

Procession des Reliques

Voici maintenant la procession des Reliques. Le Pontife, accompagné du Clergé et précédé de la croix, se rend au lieu où elles étaient exposées. On les transporte solennellement devant la porte de l'église, mais sans s'y arrêter : la procession fait le tour extérieur de l'église avec les Reliques, et l'on répète tout le temps du trajet : *Kyrie eleison*.

Arrivé de nouveau à la porte de l'église, on dépose un instant les Reliques sur une petite table. Là, le Pontife adresse au peuple l'exhortation prescrite. Ensuite l'Archidiacre fulmine l'excommunication contre les violateurs, usurpateurs ou détenteurs des droits et des biens de l'Eglise.

L'Evêque se lève, prend la mitre et fait, avec le saint chrême, une onction en forme de croix sur la porte du temple. La porte s'ouvre aux saintes Reliques, et le peuple, à leur suite, entre dans le parvis sacré.

Les Reliques sont placées sur une table entre des cierges allumés dans le sanctuaire et auprès de l'autel.

Consécration des autels

C'est alors que se fait la longue cérémonie de la

consécration des autels, avec les onctions et les encensements prescrits.

L'autel, c'est comme le centre de l'église, le point principal auquel tout se rapporte ; aussi sa consécration est-elle d'un symbolisme plein de mystère et de grandeur.

En présence des Reliques, déposées avec honneur au milieu des lumières, le chœur dit le psaume : *Cantate Domino canticum novum*, et le psaume : *Laudate Dominum in Sanctis ejus*, deux chants de triomphe débordant de sainte allégresse. En même temps l'Evêque consécrateur oint avec le saint chrême les sépulcres qui ont été préparés pour recevoir les Reliques des Saints.

Le Pontife encense les Reliques, puis, prenant le saint chrême, il en oint la pierre qui doit fermer le tombeau, « afin qu'elle soit sanctifiée par cette onction et par la bénédiction de Dieu. »

Pendant que la pierre est fixée, les encensements se prolongent autour de l'autel.......

Mais tous les rites ne sont pas accomplis. Avant que le sacrifice spirituel soit offert sur la pierre consacrée, elle devra porter quelque figure des sacrifices de l'ancienne loi. Le Pontife y a déposé cinq croix, formées chacune de cinq grains d'encens qu'il vient de bénir. L'encens brûle, le chœur invoque l'Esprit-Saint, lui demandant de « remplir le cœur des fidèles et d'allumer en eux le feu de son amour. »

Une préface est chantée, où sont résumées les

saintetés de l'autel, puis éclate le psaume : *Exurgat Deus*, dont l'inspiration prophétique est la victoire totale et l'Ascension de Notre-Seigneur.

Une dernière onction est donnée à la pierre qui, désormais, portera le corps de Jésus-Christ vivant. Le Pontife prolonge sa prière. Il invoque la miséricorde divine, il sollicite la force et l'espérance, et demande enfin que tous ceux qui viendront prier à cet autel obtiennent la bienheureuse éternité.

Tels sont les mystères, les dignités, les richesses inépuisables de l'autel catholique. Il renferme les Reliques des Saints, il est revêtu de la majesté des sacrements ; il a en quelque sorte le baptême et l'onction ; il est l'attente accomplie des patriarches, la vraie Croix et le vrai Trône de Jésus-Christ. Il est tout cela, pour qu'à ses pieds nous puissions demander et recevoir tous les biens de l'âme et du corps (1).

Après la consécration des trois autels, se poursuivent d'autres cérémonies pour achever la consécration de l'église elle-même.

Ce qui attire plus particulièrement encore l'attention de l'assistance, c'est l'onction des douze croix tracées sur les murs ou les piliers de l'édifice sacré, et surmontées d'un cierge allumé.

Douze fois l'Evêque consécrateur doit faire l'ascension d'une longue échelle pour atteindre les croix. L'assistance est unanime à trouver cet exercice fati-

---

(1) *Parfums de Rome*, tome II, pages 130 et suiv.

gant pour le Pontife surchargé de la chape et de la mitre; mais la cérémonie est indispensable, et ces douze croix sont destinées à attester la consécration de l'église et à en perpétuer le souvenir.

Il ne reste plus qu'à bénir les ornements de l'autel, à l'essuyer et à le parer lui-même pour la célébration du saint sacrifice.

Vu la longueur de la cérémonie, Mgr l'Evêque célèbre seulement la messe basse de la Dédicace. Les chantres se reposent, non sans besoin : leurs voix sont remplacées par les sons de l'harmonium qui, malgré une main habile, ne peut arriver à faire croire que de vrais tuyaux sont cachés derrière les rideaux qui décorent le buffet de l'orgue. C'est qu'en effet l'orgue d'accompagnement qui devait, en attendant les grandes orgues, être inauguré en même temps que la Cathédrale, n'a pu être terminé par le facteur chargé de le fournir.

A midi sonnant, le Clergé accompagnait au palais épiscopal Mgr l'Evêque, fatigué sans doute d'un si long labeur, mais heureux de posséder enfin, après cinq ans d'attente, sa belle Cathédrale.

L'INAUGURATION

C'était le lendemain, dimanche, solennité de Saint-Arnoux et fête patronale de Gap, que devait avoir lieu l'inauguration solennelle de la Cathédrale.

Dès la veille, le bourdon installé provisoirement et ses deux sœurs cadettes, Adèle-Napoléon et Pierrette, par leurs joyeux carillons, faisaient naître l'allégresse dans tous les cœurs. Mgr l'Archevêque d'Aix, Arles et Embrun, accompagné de M. l'abbé Bernard, un de ses vicaires généraux, arrivait pour officier pontificalement ; Mgr Bouvier, évêque de Tarentaise, venait, de son côté, apporter à la solennité le concours de sa parole éloquente. Le souvenir de Mgr Bernadou revivait dans la présence de M. l'abbé Dizien, jadis son vicaire général et, présentement encore, exerçant les mêmes honorables fonctions auprès de son vénéré successeur sur le siège de Sens.

Le soir, à 8 heures, une retentissante retraite aux flambeaux faisait le tour de la ville. C'était l'excellente musique du 99e de ligne qui se faisait entendre. Par une délicate attention pour la Cathédrale consacrée le matin, et aussi pour la présence de Nosseigneurs les Evêques, le joyeux cortège s'est arrêté sur la place Saint-Arnoux et la Musique a fait entendre deux des morceaux choisis de son répertoire. Mgr l'Archevêque d'Aix, toujours et partout l'ami et le père du peuple, a voulu entendre de près cette musique et voir cette masse d'ouvriers et de travailleurs qu'il aime. Suivi de Monseigneur de Tarentaise et de Monseigneur de Gap, l'illustre Métropolitain a bravement fendu la foule respectueuse, pour arriver jusqu'aux musiciens et complimenter leur chef.

Avant la cérémonie

Avant 10 heures, la foule se pressait houleuse aux abords de la Cathédrale. Elle n'avait pas attendu le signal des cloches, dont le son joyeux ne faisait qu'ajouter à la vibration des cœurs. Par les trois portes, des flots de peuple s'engouffrent dans la vaste enceinte. Des environs et de bien loin on est accouru pour assister à pareille fête, qui ne se voit pas tous les siècles.

La procession des Evêques

Le Chapitre et le clergé, exceptionnellement nombreux, s'organise en procession pour aller prendre au palais épiscopal le vénérable Métropolitain et Nosseigneurs les Evêques.

C'est avec peine que le cortège s'ouvre un passage à travers une masse compacte de têtes humaines. Bientôt la procession est de retour. Jusqu'à la porte du Palais, la place St-Arnoux est pleine de monde. Les têtes se découvrent et s'inclinent respectueusement sous la bénédiction des trois augustes Pontifes qui s'avancent en chape, la mitre en tête et la crosse en main, précédés de notre compatriote dauphinois Dom Chaix, abbé mitré de la trappe de Gethsémani, en Kentucki (Etats-Unis).

Les regards se portent surtout sur le vénérable Métropolitain de la province, si connu, si respecté, si aimé dans nos Alpes. Cet apôtre si vaillant, si intrépide devant les ennemis de l'Eglise, n'est plus, au milieu du peuple, que le père le plus bienveillant, le plus tendre, le plus accessible. Aussi tout le monde lui demande une bénédiction et veut baiser son anneau.

Le cortège s'avance lentement le long de la grande nef, et arrive au chœur, splendidement décoré.

Notabilités

Sur un rang de fauteuils, au premier plan, ont pris place : M. le Secrétaire général représentant le gouvernement et M. le Préfet, absent; M. Euzière, député et maire de Gap; M. le général Legrand; M. Xavier Blanc et M. Chaix, sénateurs; M. Flourens, député, ancien ministre des cultes; M. Vollaire, président du tribunal de commerce; M. Jacob, successeur de M. Laisné, architecte de la Cathédrale, et M. Achille Roche, inspecteur diocésain, commis à la surveillance des travaux.

La Messe

L'Orphéon de la ville, sous la direction habile et dévouée de M. Félicien Poncet, avait pris place dans un bas-côté, près du chœur. Après l'introït, chanté par le clergé, l'Orphéon a exécuté, avec accompagnement de symphonie, la belle messe de M. Henri Poncet, frère de notre directeur et organiste de la Métropole d'Aix. Présent à la cérémonie, le savant compositeur a pu jouir des beaux effets de son œuvre magistrale. Pour le moment, on s'est cru transporté dans une de ces Cathédrales de grandes cités, où les cérémonies sont habituellement relevées par la beauté du chant et le secours de chœurs nombreux et exercés. Verrons-nous jamais renaître à Gap, avec la nouvelle Cathédrale, les beaux jours des Claramont, des Bossy, des Rhinck ?...

A l'Evangile, Monseigneur de Tarentaise montait en chaire et adressait la parole à l'auditoire le plus nombreux qui ne soit jamais vu et qui peut-être se verra jamais à Gap.

Bien que recueillie et attentive, la foule était trop compacte pour qu'il n'y eût pas une sorte de remous inévitable, qui empêchait de suivre les développements de l'éloquent orateur. Nous sommes heureux de pouvoir offrir à nos lecteurs le discours de Mgr Bouvier : ce sera le meilleur complément de ce compte rendu.

En termes élevés et dans un langage d'une incomparable pureté, l'éminent orateur a su montrer le rôle social de l'Eglise dans le monde, la nécessité de la Religion pour un peuple qui veut être grand et fort. Sans Dieu, le législateur ne peut rien. Seule l'Eglise peut résoudre la question sociale, non pas en détruisant la misère, qui demeurera toujours sur cette terre, mais en adoucissant ses effets par les espérances du monde à venir.

A peine Sa Grandeur avait quitté la chaire que celle-ci se trouva envahie par une troupe de jeunes curieux, dont les têtes offraient assez bien, de loin, le spectacle d'un groupe d'anges. Plus tard, des portes nécessaires mettront obstacle à pareil envahissement. Votre place, petits, est sous la chaire, pour bien écouter le catéchisme : mais aujourd'hui vous avez fait comme Zachée, qui, trop petit, montait sur un arbre pour mieux voir passer le Seigneur.

C'est que, l'office pontifical fini, on voulait bien voir au passage les Evêques, et surtout Monseigneur d'Aix. Le voilà, en effet, qui arrive précédé du clergé et escorté de ses grands vicaires ; tout le monde réclame une bénédiction, et ce n'est qu'à grand'peine que Sa Grandeur parvient à se soustraire aux pieuses importunités des fidèles.

Par toutes les portes de la cathédrale s'échappait la foule absolument émerveillée et enthousiasmée de la belle cérémonie à laquelle elle venait d'assister.

Les Vêpres et la Procession

A l'heure ordinaire étaient chantées les Vêpres, présidées par Mgr l'Archevêque.

Après le *Magnificat*, la procession se met en marche et fait le tour de la ville. Les communautés religieuses et un grand nombre de fidèles y prennent part. Monseigneur d'Aix a la douce consolation de présider à Gap à une cérémonie interdite dans sa ville métropolitaine.......

Au retour de la procession, la Cathédrale se remplit encore de monde, presque comme le matin, pour assister à la bénédiction du T. S. Sacrement.

La cérémonie achevée, Monseigneur de Gap prend

la parole, pour offrir en son nom et en celui de ses diocésains de sincères remercîments à Mgr l'Archevêque et à Mgr l'Evêque de Tarentaise, d'avoir bien voulu relever par leur présence cette mémorable solennité. « Nous n'avons que nos cœurs à vous offrir, dit Monseigneur, et ils sont à vous. » — « Cela suffit, » répond prestement et gracieusement l'Archevêque, qui, prenant à son tour la parole, remercie l'auditoire du noble exemple de foi et de piété qu'il lui a donné dans cette belle fête, et l'exhorte à reprendre, dans cette magnifique Cathédrale, l'habitude des pratiques religieuses que lui ont léguée ses ancêtres. Tout le monde souriait à cette parole simple, paternelle et sortie du cœur.

Puis, les trois vénérés prélats ont donné à la foule pieusement prosternée une dernière et commune bénédiction.

Mieux que sur le marbre ou l'airain, ce jour restera gravé ineffaçablement dans les cœurs.

Discours de Monseigneur de Tarentaise

> *Replebimur in bonis domus tuæ: sanctum est templum tuum, mirabile in æquitate.*
>
> « Nous serons rassasiés, ô Seigneur, par les biens que vous nous prodiguez dans votre maison, dans ce temple où règnent la sainteté et la justice. »
>
> (Ps. LXIV. 5).

« MESSEIGNEURS (1),

« MES FRÈRES,

« Tous les regards sont ravis de l'ampleur et de la beauté de cette nouvelle Cathédrale, l'un des plus remarquables monuments religieux que notre siècle ait construits. Cependant, les merveilles de l'architecture ne suffisent pas à distinguer des édifices profanes la demeure où Dieu veut bien habiter. Il faut la prière de l'Eglise, avec la majesté des rites et des symboles, avec les onctions et les invocations multipliées du Pontife. Hier, vous avez vu se dérouler sous vos yeux la pompe de cette liturgie, si pleine de doctrine et de poésie. Désormais le temple se dresse devant nous dans toute sa grandeur.

« Par la consécration qui l'a transfiguré, il a reçu sa parure surnaturelle et divine. En apparence, rien n'a été changé; en réalité, tout est nouveau. L'édifice a pris les accroissements célestes demandés par les prières de l'Eglise: *Da, Domine, ædificationi tuæ incrementa cælestia.* A la voix du Pontife et sous

---

(1) Mgr l'Archevêque d'Aix, Arles et Embrun; Mgr Berthet, évêque de Gap.

l'attouchement de son bâton pastoral, les portes se sont ouvertes et le Roi de Gloire est entré.

« Aujourd'hui le vénérable Métropolitain est venu avec joie rehausser par sa présence l'éclat de cette fête d'inauguration.

« Quelle belle fête pour vous, Monseigneur, et pour vos diocésains ! Dans la Lettre que vous leur avez adresssée à cette occasion, vous remerciez tous ceux qui, à des titres divers, ont concouru à la construction de l'édifice. Vous le faites en si bons termes que je n'y saurais rien ajouter. Je dois seulement signaler une omission : vous vous êtes oublié vous-même. Mais tout le monde, j'en suis sûr, aura réparé cet oubli ; car tout le monde sait combien l'achèvement de la Cathédrale vous a préoccupé, au milieu d'autres œuvres entreprises par vous pour le bien du diocèse.

« Et maintenant, M. F., je vous dois l'explication du texte sacré que je citais tout à l'heure : *Replebimur in bonis domûs tuæ ; sanctum est templum tuum, mirabile in æquitate.* Quels sont ces biens, dont Dieu nous comble dans la maison qu'il veut bien avoir parmi nous ?

« Ce sont la *sainteté* et la *justice* : la sainteté, pour soutenir notre vie religieuse, surnaturelle ; la justice, pour soutenir notre vie civile, sociale. *Sanctum est templum tuum, mirabile in æquitate.*

I.

« La société civile a ses palais, dont la grandeur exprime et symbolise la grandeur des Institutions qu'ils abritent.

« Il y a les palais du Pouvoir législatif, où s'élaborent les Lois qui, en déterminant les droits et les devoirs des citoyens, doivent tendre à procurer le bien commun.

« Il y a les palais du Pouvoir judiciaire, où les Lois sont appliquées par la sanction des peines infligées aux transgresseurs.

« Il y a les palais de la Science, où l'enseignement est donné aux intelligences, afin de les élever en les ouvrant aux irradiations de la vérité.

« La Loi, la Justice, la Science, trois choses nobles entre toutes, et nécessaires à l'humanité pour vivre avec honneur. Dans la Société civile, ces trois choses n'ont qu'une action circonscrite et bornée à la vie présente. La Loi humaine, quand elle est conforme à la Loi divine, a une autorité qui impose l'obéissance ; mais, après tout, elle ne règle que des intérêts temporels. La Justice humaine, quand elle imite l'impartialité de la Justice divine, a une sérénité majestueuse ; mais, après tout, ses arrêts ne franchissent pas les frontières du temps. La Science humaine, quand elle cherche sincèrement la lumière, est digne d'éloges, et ses découvertes merveilleuses inspirent l'admiration ; mais, après tout, elle demeure toujours faillible, même dans le domaine des choses purement matérielles, et, réduite à ses seules forces, elle ne va pas loin dans la connaissance du monde spirituel.

« Nonobstant des lacunes et des défaillances toujours possibles, il convient que ces trois choses, la Loi humaine, la Justice humaine, la Science humaine, habitent des palais.

« Oui, mais alors ne trouvez pas mauvais que, pour ces trois choses qu'elle possède à un degré bien supérieur, la Religion revendique des palais.

« Ces palais, ce sont nos églises, qui abritent la Loi divine, la Justice divine, la Science divine. Oui, divines, car Dieu lui-même en est directement l'auteur. Il lui a plu, dans sa bonté, d'appeler l'humanité à une destinée magnifique qu'elle n'aurait jamais osé rêver, à la participation éternelle de sa gloire et de son bonheur. Il nous prépare ici-bas à cette destinée sublime par le secours surnaturel de sa Loi, de sa Justice et de sa Science. Ce triple secours, il nous le donne spécialement dans l'enceinte des églises, édifices sacrés, où des hommes choisis par Lui, évêques ou prêtres, parlent et agissent en son nom.

« Voyez ici la Chaire et le saint Tribunal. Du haut de la Chaire, le prêtre enseigne la Science divine, c'est-à-dire, les vérités révélées par Dieu lui-même, les mystères de l'ordre surnaturel, la Trinité, l'Incarnation, la Rédemption et les autres, formant ensemble le corps de doctrine le plus élevé, le plus harmonieusement enchaîné.

« Du haut de la Chaire, le prêtre promulgue les Lois que Dieu lui-même a dictées, et celles que l'Eglise catholique ajoute en vertu de son plein pouvoir. Le prêtre enseigne tout cela avec autorité, au nom de Jésus-Christ, qui a dit aux premiers prêtres et à leurs successeurs : « J'ai toute puissance au » ciel et sur la terre...... Comme mon Père m'a en- » voyé, je vous envoie..... Allez, enseignez toutes » les nations..... (1).

« De la Chaire, où il expose les vérités que toute intelligence doit croire, les Lois auxquelles toute volonté doit se soumettre, le prêtre se rend au saint Tribunal, où il exerce la fonction de juge. Aux transgresseurs de la Loi qui viennent spontanément s'accuser, il impose la pénitence salutaire, il accorde la grâce du pardon qui réconcilie l'âme avec Dieu et lui rend sa vigueur pour la lutte contre le mal.

« Quand même, dans nos églises, il n'y aurait que la Chaire et le Tribunal, ne faudrait-il pas en faire les édifices les plus vastes et les plus imposants, puis-

---

(1) *Data est mihi omnis potestas in cœlo et in terra* (Matt., xxviii-18). — *Sicut misit me Pater, et ego mitto vos* (Joan., xx-21) — *Euntes, docete omnes gentes* (Matt., xviii-19).

que dans leur enceinte se trouvent ainsi réunies la Loi divine, la Justice divine, la Science divine, par lesquelles tous les hommes doivent se sanctifier et préparer leur avenir éternel ?

« Oui, mais il y a bien autre chose encore : il y a l'Autel, il y a le Tabernacle, où réside Celui qui, par essence, est la Loi Universelle, la Justice absolue, la Science infinie. L'Autel et le Tabernacle, voilà l'ineffable honneur, l'incomparable gloire de nos églises ! C'est Dieu lui-même avec nous, au milieu de nous !

« Il y a dix-huit siècles, le Fils de Dieu s'est fait homme. Par un amour incompréhensible, il s'est revêtu de notre nature ; il est entré dans notre famille humaine, afin de la relever de ses déchéances et de ses abaissements..... On le vit petit enfant dans une pauvre crèche, puis ouvrier dans un modeste atelier jusqu'à l'âge de trente ans ; on le vit ensuite apôtre et docteur pendant trois années, enseignant la Loi, la Justice et la Science supérieures de l'Evangile ; on le vit, enfin, abreuvé d'outrages et de douleurs par ses ennemis implacables, mourir sur une croix. C'était le témoignage suprême de son amour pour les hommes ; c'était le sacrifice parfait offert à la Justice divine pour la Rédemption du monde.

« Or, ce même Jésus, ressuscité et monté aux cieux, a voulu continuer tous les bienfaits de sa mission ici-bas, non seulement par la Chaire et le Tribunal, mais encore par l'Autel et le Tabernacle. Tous les jours, dans toutes les églises où le prêtre l'appelle, il renouvelle son sacrifice ; il nourrit les âmes par la communion de sa chair et de son sang ; puis il s'enferme dans le Tabernacle : et là, voilé sous les frêles apparences d'un petit morceau de pain, il demeure avec nous jour et nuit.

« Cette présence réelle, substantielle, du Verbe incarné, c'est la grande merveille, c'est le trésor infiniment précieux de nos églises. Comprenez-vous maintenant les saintes ambitions de la piété catholique? Que la maison de Dieu l'emporte sur tous les autres édifices par ses dimensions plus vastes, par son ornementation plus riche. Que les voûtes s'élèvent, que les murailles s'élargissent, que la lumière s'épanouisse dans les brillantes verrières, que le marbre, l'or et les pierres précieuses embellissent l'Autel où Jésus s'immole, le Tabernacle où il réside, ce ne sera jamais assez grand, jamais assez beau:

Quantum potes, tantum aude;
Quia major omni laude,
Nec laudare sufficis.

« Toutes ces splendeurs doivent rayonner surtout dans l'église cathédrale, mère et maîtresse de toutes les églises du diocèse. Là, se dresse le trône de l'Evêque, qui exerce excellemment les trois fonctions de Législateur, de Juge et de Docteur.

II

« Tout cela, diront certains esprits, ce sont des idées mystiques, bonnes pour les croyants, les femmes et les enfants. Mais pour nous, hommes du XIXe siècle, qui a fait passer sur nos têtes le souffle du scepticisme, il nous faut autre chose. Dites-nous à quoi servent vos églises, en dehors du culte divin, qui est leur premier et, ce semble, leur unique but?

« Elles servent à assurer l'existence et la prospérité de la *société civile ;* et, à ce point de vue, je dis hardiment qu'elles sont plus qu'utiles, elles sont nécessaires. La maison de Dieu est admirable par l'appui qu'elle donne à l'ordre social, assis sur la justice et sur la charité : *Sanctum est templum tuum, mirabile in œquitate.*

« Vous avez une armée formidable et une flotte imposante ; vous avez un arsenal de lois qui s'enrichit tous les jours ; vous avez une magistrature nombreuse, une police dont les oreilles et les yeux sont ouverts sur tous les points du territoire.... Mais tout cela ne suffit pas pour faire vivre un peuple ; tout cela, c'est un puissant organisme, j'en conviens, mais ce n'est pas la vie. La vie, la vraie vie, elle est plus haut, elle est en Dieu, qui en est la source universelle pour les individus, comme pour les familles et les nations : et c'est ici, dans les édifices sacrés, qu'il faut venir la chercher.

« Il y a trois mille ans, David, grand prince et grand poète, inspiré par l'Esprit-Saint, disait : « Si » le Seigneur n'édifie pas la maison, en vain travail» lent ceux qui bâtissent. *Nisi Dominus ædificaverit* » *domum, in vanum laboraverunt qui ædificant* » *eam.* » — « Si le Seigneur ne garde pas la cité, » en vain veillent les sentinelles. *Nisi Dominus cus-* » *todierit civitatem, frustra vigilat qui custodit* » *eam* (1). » L'antiquité païenne était elle-même profondément pénétrée de cette vérité ; et Plutarque l'a exprimée énergiquement, en disant qu'il est plus facile de bâtir une ville en l'air que de fonder une société sans religion.

« Eh bien ! qu'a-t-on vu dans notre siècle ? On a vu et on voit toujours des hommes, abusant de la considération qui s'attache d'ordinaire à la science, à la fortune, s'en servir pour battre en brèche les croyances religieuses. Il ont calomnié l'Eglise, son sacerdoce, ses institutions ; ils ont travaillé avec acharnement à creuser entre elle et le peuple un fossé infranchissable, dans l'espoir de régner eux-

---

(1) Ps. cxxvi.

mêmes sur les masses, à la place de Jésus-Christ détrôné.

« C'est fait : dans les villes, et déjà même dans beaucoup de campagnes, le peuple ne va plus à l'église ; il va au théâtre, au cabaret, au club. Mais voici que l'athéisme et le matérialisme qu'on lui a prêchés et qu'on lui prêche toujours, portent leurs fruits : c'est le socialisme, c'est le communisme, c'est le nihilisme, c'est l'anarchie. *Ni Dieu ni Maître*, ce programme de la grande armée du désordre, c'est la conséquence logique et fatale de l'athéisme ; et beaucoup déjà le complètent en ajoutant brutalement : *Ni propriété, ni famille, ni patrie*.

« On a semé l'erreur et la corruption, on a semé le vent : est-il étonnant qu'on récolte la tempête ? Si au-delà du tombeau il n'y a rien, si la vie présente est tout, alors elle ne peut avoir qu'un seul but : la jouissance ! La conscience, la justice, le devoir, autant de chimères ridicules ! Au siècle dernier, Voltaire disait : « Le plaisir est tout, quiconque « l'attrape a fait son salut ; » mais cela ne se répétait que dans les salons ; aujourd'hui, cela se répète partout, du rez-de-chaussée à la mansarde. De la surexcitation universelle des convoitises, est sorti naturellement l'antagonisme entre le capital et le travail, antagonisme qui menace d'envelopper tous les intérêts dans une ruine commune.

« Voilà le mal de la société contemporaine, mal profond et vaste : où se trouve le remède ? Le remède vraiment efficace, il est ici, dans cette enceinte et dans toutes nos églises. Ah ! certes, je ne méconnais pas l'utilité des moyens humains, que l'on s'ingénie à chercher. Je rends hommage aux hommes intelligents, généreux, qui emploient leur temps et leurs forces à la solution de la question sociale !... Mais ce que je proclame, c'est l'impossibilité d'arriver à une solution satisfaisante sans l'idée de Dieu, sans le secours de la Religion... Naguère je lisais dans diverses revues les aveux des esprits les plus élevés et les moins suspects à ce sujet. Ecoutez, par exemple, Littré disant : « Qu'est-ce que régler la « production et la distribution de la richesse, sans « régler au préalable l'esprit et le cœur de ceux qui « ont à produire et à employer la richesse ? »

« Cette parole, si juste et si vraie, fait le plus grand honneur à Littré. Et voyez comme elle trouve ici son application ! Régler l'esprit et le cœur, qui donc, sinon la Religion, peut y réussir, surtout quand il s'agit des multitudes ? Or, c'est ici, c'est dans les édifices sacrés, que la Religion exerce pleinement son action salutaire.

« Ici, l'esprit reçoit l'explication lumineuse et consolante du travail, de la souffrance et de la mort : trois questions douloureuses qui tourmentent l'humanité, trois lourds fardeaux que la Religion ne supprime pas, mais qu'elle sait alléger par la certitude de ses espérances immortelles.

« Ici, la volonté reçoit la force nécessaire pour lutter victorieusement contre les passions, et leur imposer le seul frein capable de dompter leurs révoltes incessantes.

« Ici, le cœur reçoit l'inspiration d'un amour qui, sous le souffle divin, monte et descend, comme un ange tutélaire, le long de l'échelle sociale et en rapproche les extrémités. L'inférieur n'envie plus le supérieur, qui s'incline affectueusement vers lui. Tous les deux disent ensemble : « Notre Père, qui « êtes aux cieux..... pardonnez-nous nos offenses « comme nous pardonnons à ceux qui nous ont offensés. »

« Ici enfin, pauvres et riches, patrons et ouvriers, dirigeants et dirigés, tous groupés le dimanche autour de l'autel où s'immole le Fils de Dieu, reçoivent la grande leçon du sacrifice et du dévouement, sans lesquels la société ne peut pas vivre.

« Ce qui nous manque, c'est Dieu. Dieu manque

aux classes riches, pour les empêcher d'aller, par le luxe et l'abus du plaisir, à la décadence. Dieu manque aux classes pauvres, pour les empêcher d'aggraver leurs peines par l'envie et la colère. Puissent-elles reprendre ensemble le chemin de l'église ! Ici seulement, dans les bras et sur le cœur de Dieu, la réconciliation et la paix sont possibles.

« Voilà, M. C. F., la place importante, nécessaire, de nos églises dans la vie sociale. C'est bien ainsi que nos pères l'avaient comprise, et ils ont couvert la France de splendides basiliques. C'est bien ainsi que vous la comprenez à votre tour, et vous êtes justement fiers de ce monument superbe, qui sera l'honneur de votre cité.

« Vous aimerez donc votre nouvelle Cathédrale. Vous aurez à cœur d'y créer les traditions de foi et de piété qui vous avaient rendue si chère l'ancienne cathédrale, toute pleine des touchants souvenirs accumulés par les sièles. Ainsi la sève de la vie religieuse et de la vie sociale circulera toujours abondante parmi vous, pour nourrir toutes les vertus qui font les vaillants chrétiens au service de Dieu, les vaillants citoyens au service de la patrie, de la France. »

ESSAI MONOGRAPHIQUE

DE LA CATHÉDRALE

L'ancienne Cathédrale

L'ancienne Cathédrale de Gap, dévastée et incendiée deux fois pendant les guerres de religion, se trouvait dans un état assez mauvais pour exiger une reconstruction. Cette pensée préoccupa longtemps les évêques de Gap. Mgr Depéry avait formé le projet de la faire reconstruire, et il fit des instances et des démarches qui ne purent aboutir.

Plus heureux, Mgr Bernadou s'en occupa dès son arrivée dans le diocèse, au mois de juillet 1862, et il vit ses efforts couronnés de succès. Les plans et devis furent arrêtés à la somme de 999.000 francs. Sa Grandeur, pour ne pas effrayer le Gouvernement, ne voulut pas arriver au million : il est aujourd'hui deux fois dépassé.

M. Laisné en fut nommé architecte et fit adopter ses plans. M. Caillat, de Grenoble, fut agréé comme entrepreneur. La démolition de l'ancien édifice commença en septembre 1866.

Pose de la première pierre

Mgr Bernadou, nommé à l'archevêché de Sens, put, avant son départ, poser la première pierre de la nouvelle Cathédrale. Il était assisté de Mgr Joseph-Eugène Guigues, évêque d'Ottawa, de passage dans son pays natal. C'est sous le grand pilier à droite de l'entrée du chœur que se trouve cette première pierre bénite, renfermant la médaille commémorative et l'acte authentique, sur parchemin, de la reconstruction du monument. C'est le 16 juin 1867 qu'eut lieu la cérémonie, en présence de M. Lepeintre, préfet des Hautes-Alpes, représentant officiel du Gouvernement.

Pendant 29 ans, depuis la fête de St-Arnoux, 19 septembre 1866, les exercises religieux se sont faits dans l'église de Saint-Jean-le-

Rond, convertie en théâtre et redevenue, en cette circonstance, le lieu de la prière, mais bien peu en rapport avec les besoins et la décence du culte.

Sous les épiscopats successifs de NN. SS. Guilbert, Roche, Jacquenet, Gouzot et Blanchet, la construction se poursuivit lentement, et chacun y apporta le concours de son influence.

Premières cérémonies

En 1889, les voûtes du chœur et du transept étaient seules achevées; il restait encore les voûtes principales de la grande nef, des nefs latérales et des chapelles et tout le sol. Malgré cet état, on put y faire plusieurs cérémonies publiques et solennelles : les obsèques de Mᵉʳ Blanchet, mort le 18 mai 1888, le sacre de Mᵉʳ Berthet, le 1ᵉʳ août 1889, et les obsèques de Son Eminence le cardinal Guilbert, mort à Gap le 15 août de la même année. Depuis, on y a fait plusieurs premières communions et le service pour le Président de la République, M. Carnot, assassiné à Lyon le 24 juin 1894. Dans ces diverses circonstances, la vaste enceinte s'est trouvée comble, et l'on put constater combien il était urgent de l'ouvrir définitivement au culte. La chapelle provisoire était par trop insuffisante, et sa tribune déjà étayée ne présentait plus assez de solidité pour y admettre un nombreux public.

Aspect extérieur

La nouvelle Cathédrale occupe le même emplacement que l'ancienne. On a légèrement incliné vers le nord l'axe du monument qui avait été orienté vers le levant. C'était une coutume ancienne et assez générale de diriger les églises du côté de l'Orient. Les Constitutions apostoliques, auxquelles leur haute antiquité donne de l'autorité, veulent que les églises soient dirigées vers l'Orient. La piété chrétienne entendait exprimer par là que c'était de ce côté que le soleil de justice s'était levé sur l'humanité. Mais la règle n'était point sans exception, et l'on trouve, même à Rome, des basiliques, comme St-Jean-de-Latran et St-Pierre, qui ont leur entrée principale au levant, et par conséquent le sanctuaire au couchant.

C'est pour tourner la façade vers le milieu de la place Saint-Arnoux que l'on a fait subir une déviation de quelques degrés à l'axe du nouvel édifice.

On regrette, en abordant le superbe monument, de voir inachevés le porche et le clocher, dont la tour actuellement dépasse à peine le faîte. Que les plans dressés à cet effet par le regretté M. Laisné soient bientôt exécutés, comme on a tout lieu de l'espérer, et l'on pourra admirer dans toute sa perfection ce chef-d'œuvre de l'architecture réligieuse dans nos temps modernes.

Pour ressortir dans toute sa beauté, le monument attend de voir disparaître, avec les massifs de vieilles maisons qui l'emprisonnent, tous les terrains qui cachent ses assises et forment un fossé profond autour de lui, surtout au nord.

Le chevet, mieux dégagé et vu en contre-bas du côté du levant, offre un aspect imposant par son élévation et le fini de son architecture.

Aspect intérieur

Mais c'est à l'intérieur que la Cathédrale revêt, on peut dire, toute sa splendeur. On pourrait lui appliquer cette parole de la Sainte Ecriture : « *Omnis gloria filiæ regis ab intus*, toute la gloire de la fille du roi lui vient du dedans. »

C'est par trois portes sur la façade qu'on a accès dans l'édifice. En entrant, on se trouve comme dans une sorte de portique intérieur, qui, en même temps, est une chapelle transversale ; à droite, un autel, et à gauche, les fonds baptismaux. D'un côté, le chrétien naît par l'onde sacrée à la grâce, de l'autre, par les mérites du sang divin offert sur l'autel, il naîtra à la gloire.

Du pied de la grande nef, l'œil est saisi et ravi d'admiration par l'ensemble de toutes les parties du monument et la perfection des lignes de l'architecture.

Quatre travées partagent la nef et les bas-côtés jusqu'aux piliers du transept et sont séparées par d'élégants piliers qui doivent leur solidité bien plus à la dureté de leur marbre qu'à leur volume.

A droite et à gauche, le long des nefs latérales, s'ouvrent des chapelles qui font, pour ainsi dire, de la Cathédrale une église à cinq nefs.

Voici maintenant le transept. Il offre à lui seul l'aspect d'une église entre les nefs et le sanctuaire. Dans le fond, au nord, est dressé l'autel de la Sainte Vierge et du T. S. Sacrement. Au sud, s'ouvre la porte latérale, la quatrième de l'édifice.

On ne se lasse point d'admirer les quatre grands piliers de cette partie du monument avec leurs assises alternées de marbre gris et rouge sorti des carrières de Chorges. C'est de ce même marbre, du reste, que sont formées les assises des autres piliers, ainsi que les arceaux et les croisillons des bas-côtés.

Le style

De quel style est la Cathédrale ? On peut répondre qu'elle est d'un style original, c'est-à-dire d'un genre qui lui est particulier et qui en fait le mérite et la beauté. L'éminent architecte, M. Laisné, a voulu réunir et fondre dans son œuvre tout ce qu'il a trouvé de plus parfait dans les styles qui se sont succédé depuis l'époque des basiliques Constantiniennes jusqu'au Moyen âge et à la Renaissance.

L'église, par sa nef principale et son transept, présente l'image de la Croix, visible instrument du salut. C'est la forme que, dès la plus haute antiquité, le génie chrétien s'est plu à donner à ses temples. Le nom de nef lui-même provient de l'ancien usage de comparer l'Eglise à un navire. D'après les Constitutions apostoliques, les églises doivent avoir la forme longitudinale d'un navire et se diriger vers l'Orient.

La plupart des églises représentent, en effet, un navire, si on veut se figurer la voûte, le sanctuaire et les bas-côtés renversés.

La nef est d'ordinaire plus basse que le sanctuaire. Dans l'antiquité, on couvrait le sol de nattes ou d'un plancher ; plus tard, il fut pavé et incrusté des plus magnifiques mosaïques de marbre. C'est là ce qui est reproduit en général dans la Cathédrale de Gap.

L'architecte s'est inspiré de toutes ces traditions et de toutes les améliorations amenées par l'art chrétien.

Le style gothique étant venu donner la perfection aux formes primitives, c'est aussi celui qui domine dans l'œuvre de M. Laisné. Ce qui caractérise ce style c'est l'ogive et la continuation presque non interrompue des lignes verticales, symbolisant la pensée qui s'élance à travers les airs vers le ciel. Dans ces voûtes élevées et colossales, dans ces masses imposantes et légères, dans l'unité du plan et des moindres détails, l'esprit chrétien semble vouloir construire en pierre un symbole de l'univers adorant et glorifiant le Seigneur.

Le style gothique se montre surtout dans les voûtes avec leurs arcs-doubleaux et les nervures croisées à chaque travée, dans les arceaux qui forment ces mêmes travées et où l'ogive est la plus apparente, dans l'élancement et la légèreté des piliers du transept, dans les rosaces, et enfin dans cet ensemble de lignes droites qui se dessinent partout.

Les baies des fenêtres à plein cintre, dans le chœur et dans les nefs ; les oculi de la grande nef et de l'abside, comme la forme ronde et uniforme des piliers qui marquent les travées, accusent le style roman.

La Renaissance apparaît à son tour dans les riches chapiteaux à feuilles d'acanthe couronnant les grands piliers et la multitude de colonnes et colonnettes qui ornementent le chœur et les chapelles, et courent le long du triforium ou de la galerie ménagée tout autour de l'édifice à l'intérieur.

De cet heureux mélange de styles, l'architecte a fait un ensemble aussi nouveau que ravissant, et qui place la nouvelle Cathédrale de Gap au premier rang des monuments religieux du sud-est de la France.

Matériaux

En même temps que M. Laisné a voulu faire de son chef-d'œuvre la réunion et l'ensemble de tous les chefs-d'œuvres de l'architecture religieuse, il s'est donné la gloire de le présenter comme un spécimen de tous les matériaux de choix fournis par toutes les carrières de pierre ou de marbre les plus renommées. Mais on peut dire que ce sont nos Alpes qui, par la beauté et la solidité de leurs matériaux, tiennent le premier rang dans la construction de cet incomparable monument qui ajoutera à leur célébrité.

Nous ne pouvons citer qu'en abrégé les différentes carrières mises à contribution pour l'approvisionnement des matériaux. C'est de Prareboul, de La Roche-des-Arnauds, de Céüse, puis de la carrière des Gourres qu'est venue la pierre employée aux fondations et aux murs extérieurs.

Les belles assises régulières, alternées de marbre gris et rose, qui forment les riches et élégants piliers de l'intérieur viennent des carrières de Chorges. Ces mêmes carrières ont fourni les arceaux et les croisillons des voûtes des basses-nefs.

A la voûte de la grande nef, on voit figurer tour à tour le noir du Jura et le noir Suisse.

Ce qui attire plus particulièrement l'attention des visiteurs, ce sont les quatre piliers du chœur, superbes monolythes en marbre rose poli, extrait des carrières de Chorges.

Les chapiteaux, d'un travail si parfait, qui les surmontent, présentant, sur la face regardant le chœur, les symboles des quatre Evangélistes, sont en pierre de Lens (Gard). La sculpture artistique de ces chapiteaux est due au ciseau de MM. Perrin, Corbel, Chapot, Marchant, E. Pascal et Tournier. Ce n'est que justice d'ajouter aux noms de ces artistes distingués celui de M. Audemard, choisi comme appareilleur sur la demande de M. Laisné lui-même qui avait remarqué son habileté.

Il nous faudrait encore citer les matériaux venus de Chomérac, de Crussol, de Pourrières, de Cassis, d'Oppède, de Collissurne, de Montmaur, de Salados, de Voreppe, de Montpaon, etc. Nous ne ferions que justifier ce que nous avons dit plus haut, à savoir que l'éminent architecte, M. Laisné, avait voulu faire de son chef-d'œuvre comme la collection des pierres et des marbres les plus renommés.

On peut remarquer aussi les colonnes de marbre bleu turquin et marbre sampan qui ornent l'abside et accompagnent la galerie ou triforium qui fait le tour de l'édifice.

La chapelle de la Sainte-Vierge, dans le transept, de même que les chapelles du Sacré-Cœur et de Saint-Joseph, dans les nefs latérales, se distinguent par des colonnettes en marbre, du plus bel effet. Celles qui ornent les fenêtres de l'abside du transept sont en marbre bleu fleuri de Carare (Italie). Celles des chapelles latérales du Sacré-Cœur et de Saint-Joseph sont du marbre rouge incarnat des Pyrénées-Orientales. M. Célestin Achard, marbrier à Gap, a été chargé de fournir ces différents marbres.

Mosaïques

Les colonnes, les chapiteaux et les autres détails d'architecture, dont un grand nombre encore attendent le ciseau de l'artiste, ont tenu notre regard en haut ; les mosaïques du parvis nous invitent à le tourner en bas. Mais avant de parcourir le sol, on peut s'arrêter un instant à remarquer le sujet en mosaïque qui décore l'intérieur du tympan de la porte latérale. C'est la T. S. Trinité Père, Fils et Saint-Esprit. Les personnages se détachent sur un fond or. Cet échantillon suffit pour faire juger de la splendeur que revêtirait la Cathédrale s'il était possible d'orner de mosaïques pareilles tous les vides laissés par le marbre et la pierre de taille. Mais ce seraient encore des centaines de mille francs à trouver.

Tout le sol de la Cathédrale n'est qu'une mosaïque en semis de marbre multicolore. Dans la grande nef et les nefs latérales, on dirait de grands tapis entourés de bordures aux couleurs variées et fleuris dans leur longueur ; au milieu, d'une autre large bande comme tissée de croix et de rosaces d'un beau dessin.

Le chœur est en mosaïques plus riches et aux dessins plus nombreux et plus variés, comme il convient à la partie de l'enceinte sacrée la plus noble et la plus rapprochée de l'autel. Ce travail a été fait par M. Facchina, Jean-Dominique, de Venise, chevalier de la Légion d'honneur, naturalisé Français.

Boiseries

Les boiseries du chœur, les stalles, le trône pontifical, le banc d'œuvre, en beau noyer des Alpes, sont traités dans le style général de l'édifice, mais réduit à ce qu'il a de plus simple.

La chaire est, sans contredit, la pièce la plus remarquée de toute la menuiserie. On y aborde par un double escalier. Deux colonnes soutiennent l'abat-voix de chaque côté. Les panneaux sont rehaussés de colonnettes tenant la place des personnages qui décoraient l'ancienne chaire. Tous ces travaux de menuiserie sont sortis des ateliers de M. Adrien Lesbros, entrepreneur à Gap.

La crypte

Au-dessous du chœur se trouve la crypte, où mène de chaque côté, par les sacristies, un double escalier en pierre. De style ogival, comme l'ensemble du monument, elle est soutenue au milieu par deux colonnes sveltes en pierre taillée.

Au fond de la crypte s'ouvrent les caveaux destinés à recevoir la dépouille mortelle des Évêques de Gap. Quelques jours avant la consécration de l'église, le 14 septembre, ont été transportés dans ces caveaux les restes vénérés de Mgr Antoine Arbaud, premier Évêque de Gap, après le rétablissement du siège en 1823, et mort en 1836. Inhumé d'abord dans le chœur de l'ancienne cathédrale, il avait été transféré dans l'église provisoire.

Auprès de Mgr Arbaud, repose Mgr Jean-Alphonse Blanchet, décédé le 18 mai 1888, après un épiscopat de quelques mois seulement, et qui avait été déposé, en attendant, sous le chœur de la cathédrale provisoire.

Dans ce même caveau a été placée encore une caisse renfermant ce qui reste des ossements :

1° De Mgr Robert, évêque de Gap, de 1235 à 1251 ;

2° De Mgr Berger de Malissoles, de 1706 à 1738. Il était contemporain de la Vénérable Sœur Benoîte et faisait souvent le pèlerinage de Notre-Dame du Laus ;

3° De Mgr Pierre Anet de Pérouse, neveu de Mgr de Malissolles, de 1755 à 1763.

Là aussi aurait été la place des restes de Mgr Jean-Irénée Depéry, de vénérée mémoire, mort à Gap le 8 décembre 1831 ; mais on sait que sa dévotion à Notre-Dame du Laus lui a fait choisir son tombeau dans le béni Sanctuaire. Il repose aux pieds de la sainte Vierge et de Sœur Benoîte, devant la table de Communion.

Par l'escalier de la crypte, on descend au calorifère, dont on voit les bouches de chaleur s'ouvrir sur plusieurs points du parvis. Ce travail a été exécuté par M. Bouchayer, de Grenoble.

L'éclairage

Dans un vaste et beau monument comme la Cathédrale, on a dû renoncer à l'éclairage ordinaire par la bougie ou le pétrole. Le gaz a été adopté. De grands lustres, de 1m30 et de 1m82, de haut ont été suspendus à la voûte de la grande nef par des tiges en fer étiré recouvertes d'un tube en cuivre. D'autres lustres, de moindre dimension, n'ayant que 0m90 de diamètre, sont disposés le long des nefs latérales. C'est un ensemble de 300 becs éclairant à jour la Cathédrale la nuit de Noël et aux saluts solennels du soir. Ces lustres sont dus à M. Trioullier, de Paris, à qui il y a quelques années, avait été commandé le nouveau maître-autel de Notre-Dame du Laus.

Les verrières

Les vitraux, composés sous l'inspiration de Mgr Berthet, reproduisent les légendes du diocèse de Gap et celles de l'ancien archidiocèse d'Embrun. Les trois verrières d'en haut représentent : celle du milieu, l'Assomption de la Sainte Vierge, titulaire de l'Eglise de Notre-Dame de Gap: elle porte au bas les armes de Mgr Berthet, d'azur aux montagnes d'argent surmontées d'une croix d'or avec la devise : *In altis Dominus*. Celle de droite, côté nord, représente, sous les traits du cardinal Bernadou, saint Arnoux, évêque et patron de la ville et du diocèse ; elle porte au bas les armes de la ville de Gap. Celle de gauche, côté sud, représente, sous les traits de Mgr Berthet, saint Marcellin, premier archevêque d'Embrun et patron du diocèse avec saint Arnoux ; elle porte au bas les armes de la ville d'Embrun.

Les trois oculi intermédiaires sont des grisailles mosaïque artistique. Celle du milieu est chargée du buste de saint Augustin, patron du donateur, et de sainte Monique.

Les baies inférieures du chœur sont à médaillons. Celle du milieu, correspondant à l'Assomption, est consacrée aux mystères de Notre-Seigneur. Le médaillon d'en bas représente, le crucifiement ; celui du milieu, la scène d'Emmaüs et la Sainte Eucharistie, et la troisième en haut, la résurrection. Au bas du vitrail se trouvent les armoiries de S. E. le cardinal Bernadou, avec la devise : *Fide et lenitate*.

La baie de droite, au nord, correspondant au vitrail supérieur représentant saint Arnoux, patron de Gap, reproduit, en trois médaillons, les principales légendes du diocèse de Gap. Le premier médaillon en bas, représente saint Démètre, premier évêque de Gap, évangélisant les populations des Alpes. Le médaillon du milieu, consacré à saint Arey, évêque de Gap, reproduit une scène de sa vie et ses relations affectueuses avec le pape saint Grégoire-le-Grand. On y voit saint Arey à genoux, recevant de saint Grégoire la lettre où sont contenues ces paroles : *De duobus caritas unum fecit*, qui rappellent l'amitié de l'évêque de Gap et du saint Pape, et qui servent d'exergue à la décoration du Chapitre de Gap. Cette décoration, accordée par le Souverain Pontife Pie IX au Chapitre, sur la demande de Mgr Depéry, dans son voyage *ad limina*, en 1854, en souvenir de l'amitié qui unissait le saint Pape au saint Evêque, se compose d'une croix en or ou en vermeil, avec des lobes en émail blanc. Le fond est en azur, sur lequel se trouve d'un côté saint Grégoire et de l'autre saint

Arey. Les lobes sont reliés par une banderolle qui porte d'un côté l'exergue : *Nos de duobus caritas unum fecit*, et de l'autre : *Capitulum Ecclesiæ Vapincensis*. Enfin, le plus haut médaillon représente le martyre des saints Tigide et Remède, évêques de Gap. Ce vitrail porte au bas les armes et la croix du Chapitre de Gap.

Le vitrail de gauche, côté sud, correspondant à celui de saint Marcellin, est consacré aux principales légendes de l'ancien archidiocèse d'Embrun. Comme les deux autres, il comprend trois médaillons. Le médaillon d'en bas représente saint Donat, abbé de Lure, vénéré à Embrun, et dont un des quartiers de la ville porte le nom, guérissant, sur la prière de ses parents, la fille du Proconsul romain. Celui du milieu figure saint Pélade, archevêque d'Embrun, d'après la tradition, conversant avec les Anges. Le troisième en haut, nous donne saint Marcellin allant recevoir, aux portes de la ville, les reliques des saints martyrs Vincent, Oronce et Victor, revenant d'Espagne. La tradition rapporte qu'arrivés à Embrun les bœufs qui traînaient le char portant ce précieux dépôt, refusèrent d'avancer, témoignant par là que Dieu voulait que ces corps demeurassent en cette ville. Averti du prodige, saint Marcellin alla les recevoir solennellement. Cette verrière porte en bas les armes de Mgr Gouzot.

Verrières de la chapelle de la Sainte Vierge

Les trois verrières de l'abside de la Vierge sont également divisées en trois médaillons. Tous ces médaillons reproduisent un des principaux mystères de la vie de l'auguste Mère de Dieu.

La baie de droite en face, côté nord, représente dans le médaillon du bas la Présentation de Marie au temple. Dans celui du milieu, la Visitation, et dans le plus haut, la naissance de Notre-Seigneur.

Dans la baie du milieu, le médaillon d'en bas représente le mariage de la sainte Vierge et de saint Joseph. Celui du milieu, le mystère de l'Annonciation, et le troisième en haut, le couronnement de la très sainte Vierge dans le Ciel.

Enfin, la troisième baie à gauche, côté sud, nous donne dans le médaillon inférieur, la Purification de la très sainte Vierge et la Présentation de Notre-Seigneur au temple.

Dans le médaillon du milieu, Jésus au milieu des docteurs, recherché par sa Mère et par saint Joseph, et dans le plus haut, la rencontre douloureuse de Notre-Seigneur et de sa Mère, pendant la Passion, dans les rues de Jérusalem.

L'abside latérale nord, dédiée au Sacré-Cœur, représente l'apparition de Notre-Seigneur à la bienheureuse Marguerite-Marie, dans le jardin de la Visitation de Paray-le-Monial.

L'abside latérale sud, dédiée à saint Joseph, représente saint Joseph avec Notre-Seigneur dans l'atelier de Nazareth. Sous les traits de saint Joseph, il est facile de reconnaître M. Laisné, architecte de la Cathédrale et qui en a fait exécuter la plus grande partie ; comme on peut reconnaître M. Jacob qui lui a succédé, sous les traits de saint Augustin, dans la tête de l'oculus du milieu du chœur.

En attendant que des ressources permettent d'embellir la nouvelle Cathédrale de toutes les verrières qu'elle peut comporter, on a garni les fenêtres de la nef et des chapelles en vitraux à entrelacs du style du XIIIe siècle. Ces vitraux d'attente, comme les verrières à personnages, ont été exécutés par M. Hirsch, de Paris.

Les cloches

Le Bourdon. — Descendu de la vieille cathédrale en 1867, le bourdon est resté vingt-trois ans silencieux dans un angle du jardin de l'Evêché. A l'époque de nos désastres, un journal de la localité suggéra l'idée de faire du bourdon un don patriotique et d'en fondre un canon. Hélas ! la Cathédrale de Gap eût eu un bourdon de moins, et l'ennemi vainqueur, un canon de plus.

C'est le 1er août 1889 que le bourdon, tiré de sa retraite et hissé provisoirement dans la tour inachevée du clocher, a fait de nouveau entendre sa belle voix, à l'occasion du sacre de Mgr Berthet. Mais ce ne sera qu'après avoir reconquis sa place définitive, que, mis en branle, il pourra résonner avec toute sa grave majesté. Son poids est d'environ 3.000 kilogrammes. Il mesure 1^{m}30 de hauteur perpendiculaire à l'intérieur et 1^{m}30 de diamètre.

Il porte sur quatre lignes en relief les inscriptions suivantes :

Laudo Deum verum — Populum voco — Congrego clerum — Defunctos ploro — Fugo fulmina — Festa decoro

† *Joannes-Irenæus Depéry, Episcopus Vapincensis, 1852.*

Maria-Joanna-Eudoxia. (C'est le nom de la cloche).

Jean-Jacques Moynier-Dubourg, président du Tribunal de Gap, chevalier de la Légion d'honneur, parrain. Eudoxie Amat, marraine.

Plus bas, on lit :

Burdin fils aîné, fondeur à Lyon.

D'un côté, se voit le Christ en relief, et au côté opposé, Notre-

Dame portant l'Enfant-Jésus. Des guirlandes et des filets bien ciselés couvrent la cloche au pied et à la tête.

Seconde Cloche — La seconde cloche est la plus ancienne quoiqu'elle ne remonte qu'au commencement du siècle.
Elle porte les inscriptions suivantes :

> *Mon nom est Adèle-Caroline-Napoléon — L'an 1807, le quatrième du règne de l'Empereur Napoléon — M. Jean-Charles-François Ladoucette, Préfet des Hautes-Alpes, membre de la Légion d'honneur, parrain — Madame la Maréchale Bessières, née La Peyrière, représentée par Madame Suzanne-Charlotte Ladoucette, née Gobert, marraine — J'ai été bénie par M. Pierre-Charles Peix, curé de Gap, en présence de MM. Dabon et Allier, adjoints à la mairie, et de MM. Joseph Farnaud et Fidèle Richaud, fabriciens.*

Au bas :

> *Gautier père et fils, de Briançon*
> *m'ont faite à Gap, le XII octobre 1807*

Elle présente en relief saint Arnoux, avec l'invocation :

> *Saint Arnoux,*
> *Priez pour nous.*

Troisième Cloche. — La troisième cloche, plus petite, porte comme légende ces mots :

> *Pierrette est mon nom — J'ai été bénie, en 1818 par M. Pierre Peix, curé de Gap — Sous la mairie de M. Louis Callandre — Mon parrain a été M. le vicomte François de Nugent, préfet des Hautes-Alpes — Ma marraine, Dame Jeanne-Virginie Le Roy de Camilly, son épouse.*

Plus bas :

> *Jules Frère Rosier fecit*

Elle est ornée d'une croix sur socle en relief.

A côté de ces trois cloches, donnant l'accord : *ut*, *mi*, *sol*, il y aurait place pour une gamme complète et un harmonieux carillon. Dans quelques cathédrales, on entend les cloches redire joyeusement l'hymne du jour du haut de leurs tours aériennes. Pour longtemps la merveilleuse Cathédrale de Gap devra se contenter de la modeste sonnerie dont elle a hérité de son aînée.

En terminant cette si imparfaite notice, nous faisons des vœux pour que l'achèvement complet de la Cathédrale, à l'extérieur et à l'intérieur, ne se fasse pas trop attendre. C'est alors seulement qu'il sera possible à une plume compétente, d'en présenter une monographie aussi fidèle qu'intéressante.

www.ingramcontent.com/pod-product-compliance
Lightning Source LLC
Chambersburg PA
CBHW060709050426
42451CB00010B/1356